1판 1쇄 발행 2024년 2월 29일
1판 3쇄 발행 2024년 6월 3일

발행인 | 심정섭
편집인 | 안예남
편집장 | 최영미
편집자 | 김은솔, 이선민
브랜드마케팅 담당 | 김지선
출판마케팅 담당 | 홍성현, 김호현
제작 | 정수호

발행처 | (주)서울문화사
등록일 | 1988년 2월 16일
등록번호 | 제 2-484
주소 | 서울특별시 용산구 새창로 221-19
전화 편집 | 02-799-9375 **출판마케팅** | 02-791-0708
본문 구성 | 덕윤웨이브 **디자인** | 권규빈

ISBN 979-11-6923-877-9 74800
      979-11-6423-876-2 (세트)

ⓒSANDBOX NETWORK Inc. ALL RIGHTS RESERVED.
ⓒ옐언니. ALL RIGHTS RESERVED.

차례

옐언니를 소개합니다. 아핫! · 8
옐언니 채널 소개 · 10
이 책의 구성 · 11

1장 **#우리들은 살아 있다** · 12

- 쇼츠란 무엇일까? · 46
- 그림자 놀이 · 48

2장 **# 일상 공감** · 50

- 쇼츠 제작 방법 · 84
- 미로 찾기 놀이 · 86

3장 #잼민 공감 · 88

- ♥ 쇼츠 촬영 꿀팁 · 118
- ♥ 심리 테스트 · 120

4장 #언니의 직업 체험 · 122

- ♥ 옐언니가 추천하는 촬영 용품! · 156
- ♥ 색칠 놀이 · 158

옐언니 채널 프로필 · 160
정답 · 162

옐언니를 소개합니다. 아핫! ♡

안녕하세요, 옐린이들~. 옐언니입니다. 아핫!
활동명은 옐언니, 본명은 최예린. 틱톡으로 시작해서 유튜브까지
매년 쑥쑥 성장해 나가는 동영상 크리에이터랍니다.

하나의 영상을 만들기 위해서는 많은 정성이 들어가요.
아이디어를 내고, 영상을 찍어서 편집하고 하나부터 열까지
제 손이 닿지 않는 부분이 없어요.

그만큼 힘든 작업이지만 우리 옐린이를 위해 더 높은 퀄리티와
옐언니만의 매력이 잘 담길 수 있는 영상을 만들려고
항상 노력한답니다.
누가 봐도 기분이 좋아지는 텐션과 재미있고 신선한 주제!
옐언니만의 트렌디함도 빼놓을 수는 없죠~.

유튜브의 옐언니 채널에는 주로 재미있는 쇼츠와 상황극, 리뷰 영상을
올리고 있어요. 그중에 뭐니 뭐니 해도 요즘 유행하는 것은 쇼츠죠!
시대가 변화하면서 빠르고 흥미로운 스토리, 짧지만 공감이 가는 쇼츠가
대세로 자리 잡았답니다.

옐언니 채널에서도 #우리들은 살아 있다, #언니의 직업 체험 등
다양한 쇼츠의 조회수가 폭발적으로 상승하고 있어요.
우리 옐린이들이 옐언니의 쇼츠를 많이 많이 사랑해 줘서 고마운 마음을
담아 쇼츠로 책을 만들었어요.
신나는 쇼츠를 재미있는 부분만 쏙쏙 빼서 편집했습니다앗~!

인기 있는 쇼츠를 모아 모아 옐언니의 극강의
텐션과 발랄한 매력에 푹 빠져 보세요.
옐언니와 함께 알아가는 꿀팁과 상식도
있어서 어휘력과 창의력도 쌓을 수 있다쿠~!

 ## 옐언니 채널 소개

채널명: 옐언니
구독자 수: 413만 명
구독자 애칭: 옐린이

인기 쇼츠 콘텐츠 주제

\# 언니의 직업 체험   \# 잼민 공감

\# 일상 공감   \# 우리들은 살아 있다

 # 이 책의 구성

* 본문 구성 *

쇼츠의 다양한 상황을 알려 줘요.

지식 쏙쏙! 꿀팁과 상식을 알려 줘요.

꿀잼 쇼츠가 가득해요.

옐린이의 깔깔 공감 댓글이 있어요.

* 콘텐츠와 놀이 *

그림자 놀이, 미로 찾기 등 재미있는 놀이가 있어요.

쇼츠 관련 정보가 가득해요.

헤드폰이 살아 있다면?

랄랄랄라♪

헤드폰을 낀 사람들을 보면 참 멋있지?

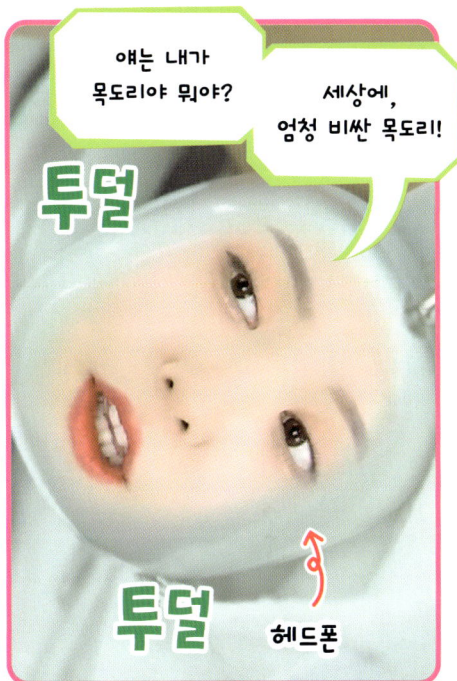

공기 청정기가 살아 있다면?

칫솔이 살아 있다면?

합!

어떤 도구가 제일 힘들게 일할까?

*치석: 치아의 바깥쪽에 엉겨 붙어서 굳은 물질.
*백태: 위장의 병 때문에 혓바닥에 끼는 물질.

핸드폰이 살아 있다면?

해님이 살아 있다면?

(햇빛) (쨍쨍)

우산을
안 들고 나갈 때는
꼭 비가 오더라!

슬라임이 살아 있다면?

31

휴지가 살아 있다면?

우아~!

휴지는 정말 많은 곳에 필요하지!

꿀팁 다 쓴 휴지의 휴지 심을 신발 속에 넣으면 신발 속의 습기를 흡수해서 발냄새를 제거해 줘요.

엣취!

후 욱

으악!

패앵

와, 대박!

감탄

 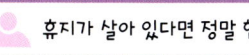 휴지가 살아 있다면 정말 힘들겠네요.

냉장고가 살아 있다면?

상식
냉장고 문을 자주 열면 온도가 높아져 음식물이 더 빨리 상하고, 높아진 온도를 다시 낮추기 위해 전기를 계속 사용해서 전기세도 많이 나와요.

지갑이 살아 있다면?

나가면 다 돈이야! 아껴 써!

지갑이 용돈으로 채워져 있을 때 기분이 정말 좋아~.

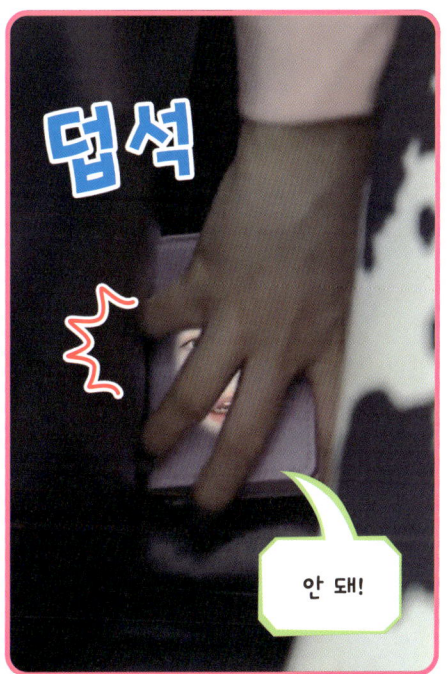

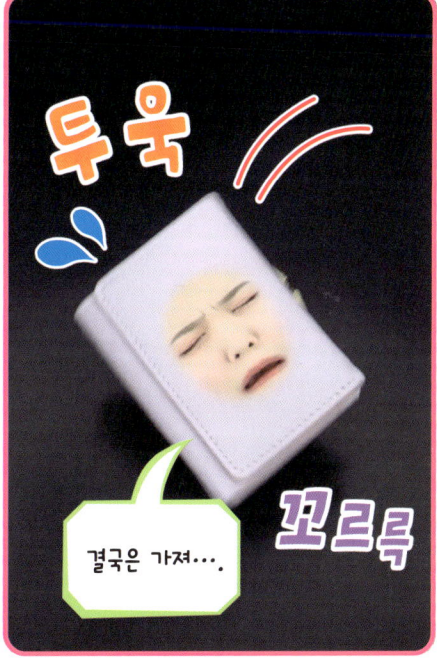

제 지갑도 항상 배가 고파요ㅠㅠ

벽이 살아 있다면?

메롱 메롱~.

내 방에는 추억이 담긴 사진이 벽에 잔뜩 걸려 있어!

 ## 쇼츠란 무엇일까?

옐언니가 나오는 재미있는 쇼츠!
쇼츠란 무엇일까요?
옐언니와 함께 알아봐요. 아핫!

쇼츠(shorts)는 유튜브에 있는
기능 중 하나로, 60초 이하의
짧은 동영상 콘텐츠를 말해요.
촬영하는 법도 간단하죠!
핸드폰 하나만 있다면
무엇이든지 가능하다고요~.

디지털 문화가 발달하면서 사람들은 더 쉽고 빠르게 정보를 얻을 수 있게 되었어요. 그러니, 쇼츠는 요즘 트렌드에 아주 딱 맞는 콘텐츠죠!

쇼츠는 영상의 재미있는 부분, 필요한 부분만 미리 보기 형식으로 만든 짧고 유익한 영상이에요. 주로 댄스 챌린지, 반려동물 콘텐츠, 정보 콘텐츠, 유머 콘텐츠 등 사람들이 좋아할 만한 신나는 쇼츠 영상이 있답니다.

짧은 시간 동안 여러 개의 영상을 즐기고 내가 원하는 내용만 골라서
볼 수 있는 것이 쇼츠의 매력이라고 생각해요!

옐언니의 채널에도 많은 쇼츠 영상이 올라와 있어요.
쇼츠로 즐기는 옐언니의 큐티 뽀짝한 매력,
상큼 발랄한 영상을 모아 볼 수 있는
<옐언니의 쇼츠 모아 보기>!
지금 함께 보러 갈까요?

 ## 그림자 놀이

옐언니의 그림자를 잘 보고 같은 포즈를 찾아 동그라미 하세요.

그림자

그림자

그림자

그림자

♥정답 확인은 162쪽에서 하세요.

한국인 99% 공감 일상
앉을 때 # 물티슈 # 벌레 # 라벨

어라?!

플라스틱에 있는 스티커는 잘 제거해서 분리수거하자!

 벌레가 사라지면 정말 소름 돋아요!

한국인 99% 공감 일상
#핸드폰 #수건 #물건 놓고 나왔을 때

핸드폰 찾을 때

뒤적 뒤적
응? 핸드폰 어디 있지?

휙
찾을 때는 없더니!
꼭 일어나게 만들어!

수건 없을 때

쏴아
뽀득 뽀득

수건이 없네.

한국인 99% 공감 일상

충전기 # 화장실 # 과자 # 스틱 음료

뜯겨라!

뜨아아아아!

과자는 맛있지만, 너무 많이 먹으면 배탈이 나!

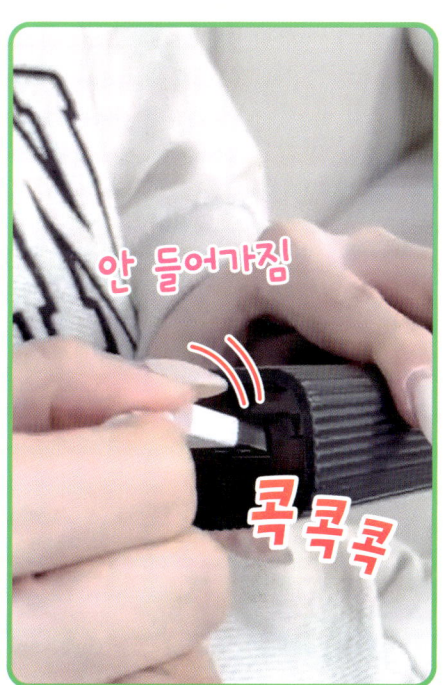

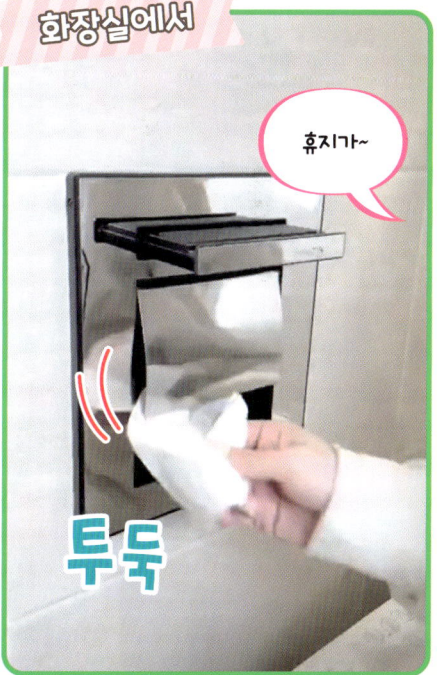

한국인 99% 공감 일상

#통화 #초콜릿 #핸드폰 #의자

한국인 99% 공감 일상

\# 잘 때 \# 사진 \# 과자

헐~.

침대나 소파에서 과자를 먹을 땐 조심조심!

잘 때

 저도 침대에서 과자 먹고 혼났어요ㅠㅠ

한국인 99% 공감 일상

#음료수 #물 #컴퓨터 #과자

음료수 마실 때

쪼로록

잘근 잘근 잘근

물 마실 때

딱 한 모금 마시고~
꿀 꺽

챠아악!

깔깔댓글: 빨대 씹는 습관 고치고 싶어요ㅠㅠ

컴퓨터 할 때

과자 먹을 때

꿀팁 먹다 남은 과자를 밀폐 용기에 넣고 각설탕 1~2개를 함께 넣으면 각설탕이 수분을 흡수해 과자가 덜 눅눅해져요.

한국인 99% 공감 일상

\# 계단   \# 이어폰   \# 풍선껌   \# 스티커

계단을 올라갈 때는 넘어지지 않게 조심하라고~!

한국인 99% 공감 일상

외투 # 리모컨 # 물티슈 # 아이스크림

의자에 외투 걸쳐 놓는 건 국룰ㅋㅋㅋ

한국인 99% 공감 일상
#엄마 #나 #빨래 #각 잡기 고수

이번엔 진짜 예쁘게 갰다!

히히~

집안일을 도와드리면 하루가 정말 뿌듯해!

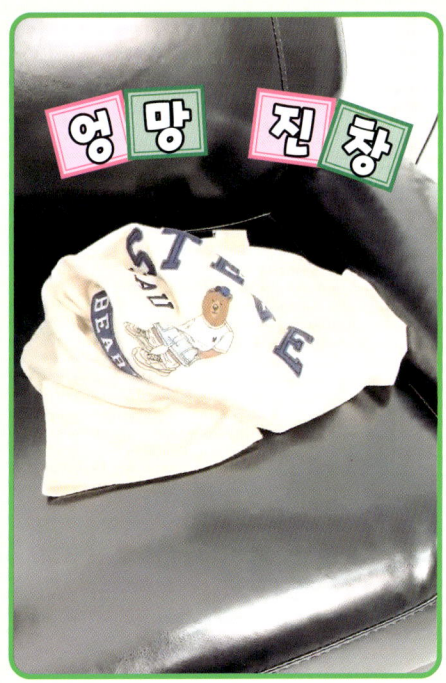

분명 딱 개서 넣었는데 옷장이 엉망!

한국인 99% 공감 일상
#카페 #음료 #횡단보도 #걸어갈 때

으드득
으드득

차가운 음료를 다 마시고 얼음을 깨 먹는 건 국룰이지!

 ## 쇼츠 제작 방법

옐언니만의 쇼츠 제작 방법!
특별히 우리 옐린이에게만
알려 줄게요.

1 기획

저는 먼저 어떤 영상을 찍을까
고민하고 기획해요!
요즘 학생들 사이에서 유행인
놀이나 장난감이 있는지 찾아보기도 하고, 누구나 공감할 수 있는 소재는
어떤 게 있을까 생각한답니다.

2 대본 작성

좋은 주제가 생각나면 대본을 써요. 재미있는 아이디어에서 시작해서
대사도 추가하고 어디서 어떤 장면을 찍을지도 꼼꼼하게 작성해요.
이렇게 자세하게 대본을 쓰면 촬영할 때 헷갈리는 일이 없어요!

3 촬영 준비

대본이 완성되면 촬영할 때 필요한 소품을 준비해야겠죠?
간식 먹방이라면 젤리를, 공부하는 중간 딴짓하는 내용이라면 책과 펜을
준비해요. 다양한 상황에 맞는 적절한 소품 준비는 기본이죠!

4 촬영

모든 준비물을 다 챙겼다면 이제 촬영을 해요! 대본에 적힌 대로 연기도 하고 더 재미있는 대사가 생각나면 *애드리브를 하기도 해요. 한 번에 마음에 들 때도 있지만 더 좋은 장면을 위해 두세 번 촬영을 추가로 할 때도 있어요.

5 편집

열심히 촬영했다면 더 재미있게 만들어 주는 작업인 편집을 해야죠! 자막을 넣어 주고 상황에 맞는 음악과 효과음도 넣어 주면 영상이 더 풍성해져요.

6 업로드

마지막으로 편집까지 마친 영상을 유튜브에 업로드하면!?
여러분들이 보시는 쇼츠가 탄생합니다~.
쇼츠는 이런 방법으로 완성이 돼요. 생각보다 순서가 많죠?
하지만 열심히 만들다 보면 재미있는 쇼츠가 만들어져요.
뿌듯하고 신나는 순간이에요. 아핫!
옐린이 친구들도 옐언니를 따라서 쇼츠를 만들어 보지 않을래요?
기획부터 천천히! 옐린이들의 멋진 상상력을 보여 주세요!

*애드리브: 대본에 없는 대사를 즉흥적으로 하는 일.

미로 찾기 놀이

옐언니가 미로에 갇혔어요. 빠져나오도록 도와주세요!

출발 ↓

도착

너희가 최고야! 아핫~.

♥정답 확인은 162쪽에서 하세요.

한 번쯤 해 본 잼민 시절 국룰
\# 자석 \# 리모컨 \# 테이프

이야압~!

빙글 빙글

무엇이든 재밌는 장난감이 될 수 있다고!

테이프로 놀기

한 번쯤 해 본 잼민 시절 국룰

#커튼 #가방끈 #냉장고

커튼으로 놀기

회오리 바람!

빙글

빙글

나 찾아봐라!

가방끈을 발견하면

어?

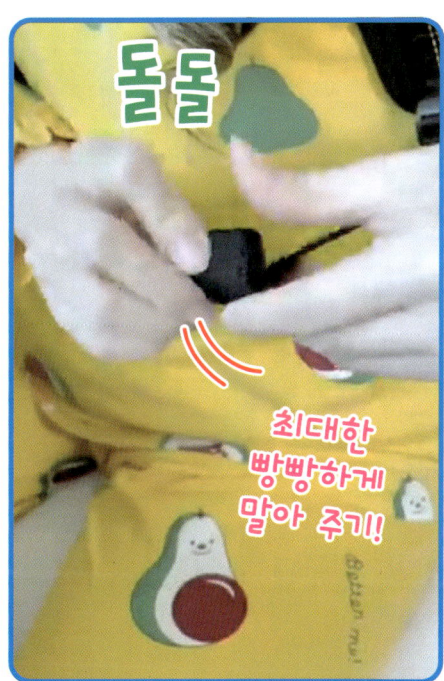

한 번쯤 해 본 잼민 시절 국룰
#휴지 #김 #콩밥

헤헤헤!

김을 앞니에 붙이면서 놀았던 적, 다들 한 번쯤 있지?

휴지로 놀기

김으로 놀기

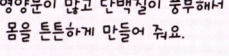

한 번쯤 해 본 잼민 시절 국룰

#음료수 #벽 타기 #선풍기

한 번쯤 해 본 잼민 시절 국룰
#손톱 깎을 때 #밤 #공포의 말

으아아앙!

도플갱어는 자신과 닮은 사람을 뜻한다고~!

밤에 손톱 깎을 때

 옐언니는 오줌싸개~!

한 번쯤 해 본 잼민 시절 국룰

#점착 메모지 #자 #고무줄

*점착 메모지 손톱

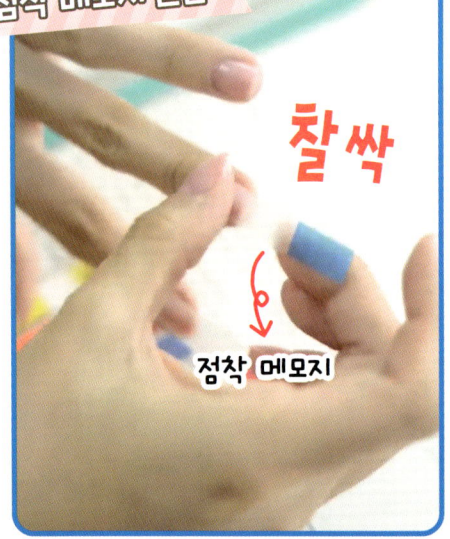

자로 중심 잡기

*점착: 끈끈하게 착 달라붙음.

한 번쯤 해 본 잼민 시절 국룰

\# 아이스크림 막대 \# 빙빙꼬인바 \# 세계콘

모두 자신만의 아이스크림 먹는 방법이 있지?

빙빙꼬인바 돌리기

한 번쯤 해 본 잼민 시절 국룰

수건 # 비눗방울 # 수도꼭지

수건으로 놀기

엄청 큰 수건 발견!

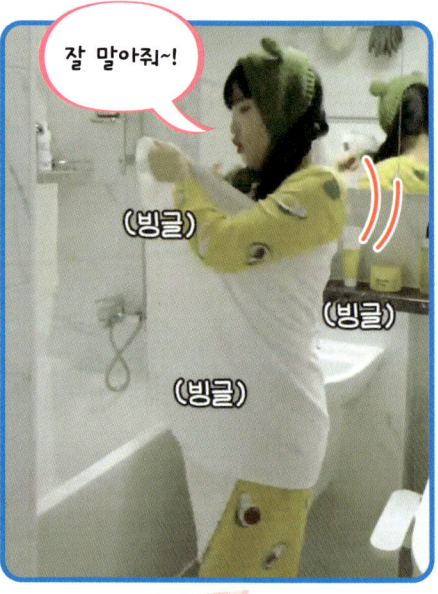

잘 말아줘~!

(빙글) (빙글) (빙글)

오늘은 내가 주인공!

드라마 주인공 따라 하기!!

비눗방울 만들기

(몽글) (몽글)

거품을 가득 만들자!

물놀이하다가 엄마한테 혼났어요ㅠㅠ

한 번쯤 해 본 잼민 시절 국룰
#필통 #교과서 #크레파스 정리

꼼꼼하게 다 챙길 거야!

이름··· 재민희.

새 학기 전날에는 두근두근해서 잠을 설치는 게 국룰이지!

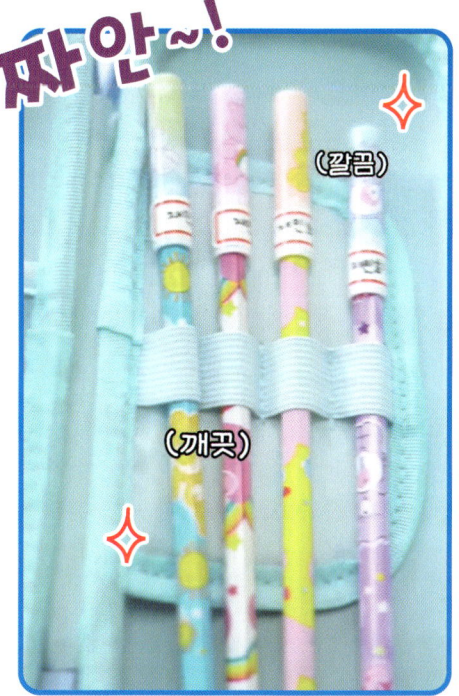
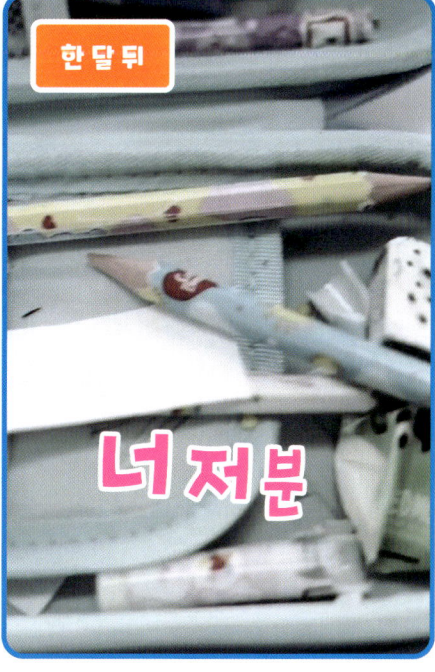

교과서에 이름 쓰기

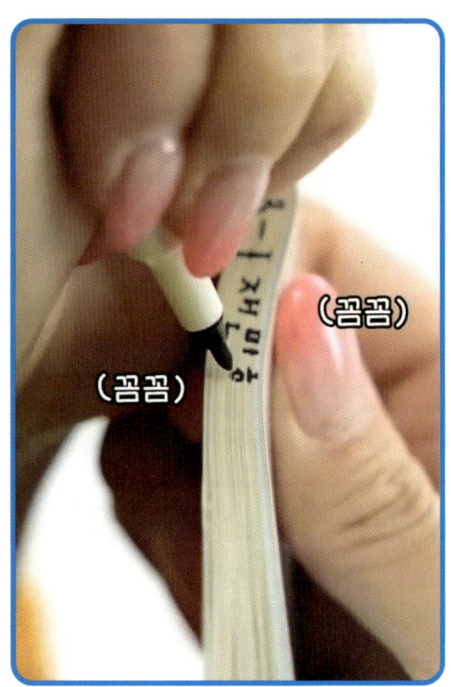

 ## 쇼츠 촬영 꿀팁

쇼츠를 촬영할 때 옐언니만의 꿀팁이 궁금하다쿠?
옐언니의 꿀팁을 함께 알아보고 영상을 만들 때 직접 사용해 보세요!

1 생각하기

하얀 도화지에 무엇을 그릴지 생각하지 않는다면 아무것도 그릴 수 없겠죠? 먼저, 어떤 주제로 영상을 만들지 생각해 보세요.
예쁜 그림을 그리기 전에 밑그림을 그리는 작업이라고 생각하면 돼요!
내가 좋아하는 주제일수록 더 신나는 쇼츠가 만들어지겠죠?

2 고민하기

쇼츠를 보고 배가 아플 정도로 웃었던 적 다들 한 번쯤 있나요?
내가 평소에 어떤 쇼츠를 재미있어했는지 고민해 보세요.
내가 재미있어했던 영상이라면 다른 사람들도 재미있게 느꼈을 거예요.

3 트랜드 파악하기

쇼츠는 유행을 빨리 파악하는 게 중요해요.
시간이 조금만 지나도 새로운 유행이 자꾸 생겨나거든요~.
그러니 유행이 지나기 전에 영상을 찍고 올려야겠죠?
특히, 영상에서 빠질 수 없는 것 중 하나는 노래죠!
영상에 유행하는 노래를 사용한다면 사람들이 더 관심 있게 볼 거예요.

4 자막과 효과음 넣어 주기

옐언니 영상에도 나오는 자막과 효과음, 이것도 아주 중요하죠!
자막은 잘 들리지 않는 대사도 누구나 이해할 수 있게 해 줘요.
또한 효과음은 영상의 장면을 더욱 생생하게 만들어 준답니다.

5 세로로 촬영하기

쇼츠는 보통 세로로 찍는 영상이 많아요.
세로로 찍어야 보기가 편하거든요. 가로로 촬영해도 되지만
세로로 찍는다면 만드는 사람도 보는 사람도 편하겠죠? 아핫!

 ## 심리 테스트

나와 친구의 성격 유형이 궁금한가요? 아래의 심리 테스트를 풀고 오른쪽에서 결과를 확인해 봐요.

✱ 먹고 싶은 음식으로 보는 심리 테스트 ✱

친구와 재미있게 놀다가 배가 고파서 집에 들어오니 맛있는 음식이 차려져 있어요.
가장 먼저 먹고 싶은 음식을 골라 보세요.

1. 바삭한 쿠키
2. 신선한 채소 샌드위치
3. 시럽 듬뿍 핫케이크
4. 오동통한 핫도그
5. 달콤한 붕어빵

❀ 1 바삭한 쿠키

성격이 좋아서 친구들과 함께 잘 어울리고
주변 사람을 살뜰하게 챙겨 주는 친구예요.
동글동글 귀여운 쿠키의 모양처럼 인기가 많아요.

❀ 2 신선한 채소 샌드위치

항상 친절한 미소로 반기는 친구예요.
아삭아삭 건강한 샌드위치처럼 운동을 좋아하고
성실해요.

3 시럽 듬뿍 핫케이크

위로와 공감을 잘해주는 멋있는 친구예요.
폭신폭신한 핫케이크처럼 친구들의 말을 잘 들어주고
칭찬을 아끼지 않아요.

❀ 4 오동통한 핫도그

자신의 감정에 솔직하고 새로운 것을 시도하는 걸
좋아하는 활발한 친구예요.
열정적이고 도전하는 것을 좋아하지요.

❀ 5 달콤한 붕어빵

끈기 있고 재능이 많은 친구예요.
이것저것 아는 지식이 많아 친구들 사이에서는
'척척박사'라고도 불러요.

옐언니가 우주 비행사 라면?

달에 갈 거니까-!

달에는 정말 토끼가 살고 있을까?

예언니가 배달 기사라면?

짱굿

"안녕하세요! 예 배달 기사입니다~! 아하앗!"

"문 앞에 두고 가세요."

"저 이상한 사람 아니고 진짜 배달 기사인데! 이거 누가 훔쳐 가면 어떡해요! 소중한 저녁 식사란 말이에요!"

"직접 받아 주세요!"

꼬옥

답답

"지금 못 나가서 그래요! 문 앞에 놔 달라니까요?!"

128

옐언니가 저승사자 라면?

저승사자를 실제로 본다면 정말 무섭겠지?

 저승사자 MBTI가 F네요ㅋㅋㅋ

옐언니가 미용사 라면?

옐언니가 **택시 기사** 라면?

목적지에 도착했습니다~!

(개미까꿍)

어떤 일이든 재미있게 한다면 더 열심히 할 수 있어!

옐언니가 의사라면?

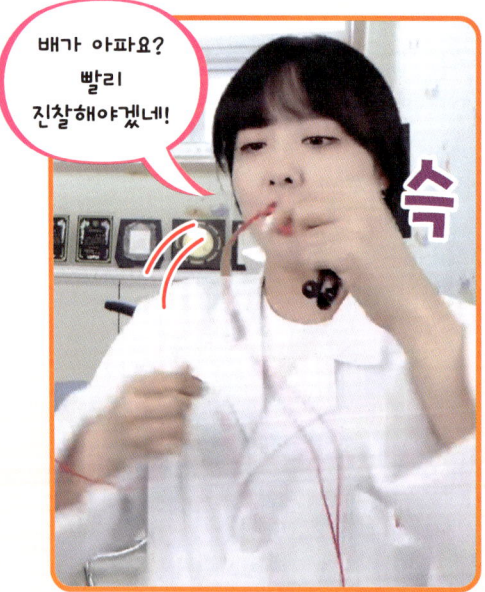

옐언니가 전화 상담실 상담원이라면?

무엇을 도와드릴까요?

항상 친절하게 상담해 주시는 상담사분들 정말 대단해!

고객님,
기다려 주셔서
감사합니다.
지금 배송할 로켓이
전부 소진되었어요.
내일쯤 다시 준비될 것
같은데 괜찮으실까요?
뭐라고요?
어리둥절
아니면 로켓을
배송받기 위해
로켓을 주문하시는 건
어떨까요?
진지
TF-32
판매용 로켓 재고가
하나 있는데요.
싸다, 싸~.
지금 사시면
20% 할인
들어가서 24억
7천만 원!
황당
모종삽
얘기하고 있는데
로켓은 뭐예요?

 대화할 때는 친절하게 말하는 게 좋아요!

옐언니가 기상 캐스터라면?

 언니 사진에 '좋아요' 눌렀어요!
 147

옐언니가 산타라면?

"여러분 모두 메리 크리스마스~!"

"이번 크리스마스 때 산타 할아버지가 오셨으면 좋겠다!"

옐언니가 카페 직원이라면?

포인트 카드는요~?

카페에 가면 뭘 먹을지 항상 고민이 되지!

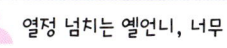 열정 넘치는 옐언니, 너무 멋져요!

옐언니가 추천하는 촬영 용품!

쇼츠를 만들려면 촬영할 때 필요한 용품을 준비해야겠죠? 옐언니는 옐린이가 간편하고 재미있게 쇼츠를 만들 수 있었으면 좋겠어요!

옐언니만의 나를 표현할 수 있는 간단하지만 꼭 필요한 용품 몇 가지를 소개할게요!

1 영상 촬영기

세로 영상인 쇼츠를 찍을 땐 꼭 비싸고 좋은 카메라가 필요하지 않아요! 가지고 있는 핸드폰 하나로만 찍어도 멋있는 쇼츠를 만들 수 있답니다~.

핸드폰

2 삼각대

카메라나 핸드폰을 손으로 잡고 영상을 찍을 때 아무래도 흔들림이 있겠죠? 흔들림 없는 영상을 찍기 위해서는 영상 촬영기를 세워 놓는 삼각대는 필수라고요! 삼각대가 있으면 혼자서도 촬영을 할 수 있고, 원하는 구도로 영상을 찍을 수 있답니다.

삼각대

3 조명

쇼츠를 밝게! 얼굴을 화사하게 만들어 주는 조명은 영상을 찍을 때 중요해요. 조명이 얼굴을 더 잘 담아 주고 영상이 어두워서 잘 보이지 않는 것을 방지해 주거든요. 하지만, 무엇이든 적당한 것이 좋겠죠? 과한 조명은 오히려 영상을 너무 밝게 만들거나 빛 때문에 얼굴이 잘 안 나올 수 있으니 적절하게 조절하는 것이 중요해요.

조명

4 소품

마지막으로 가장 중요한 것은, 바로바로 나를 표현할 수 있는 소품이죠! 모든 영상에 같은 소품이 나온다면 지루하겠죠? 상황에 맞는 다양한 소품을 쓰면 더 재미있고 생생한 영상이 연출돼요!

옐언니는 #잼민 공감 쇼츠에서 잼민이를 표현할 때 개구리 모자를 쓰고 노란색 옷을 입어요. 엄마를 연기할 때는 수건을 머리에 써요.

어떤 소품을 사용하냐에 따라서 표현할 수 있는 캐릭터가 다양해요. 나만의 개성을 나타내는 소품을 준비해 쇼츠를 촬영해 보세요.

소품

 ## 색칠 놀이

큐티 뽀짝 옐언니를
예쁘게 색칠해 봐요.

보기

보기

 ## 옐언니 채널 프로필

2019년 4월
'어너행' (어떻게 너라는 행운이) 음원 발매

2018년 3월
←GO~!
유튜브 채널 오픈

2019년 7월
'여우별' 음원 발매

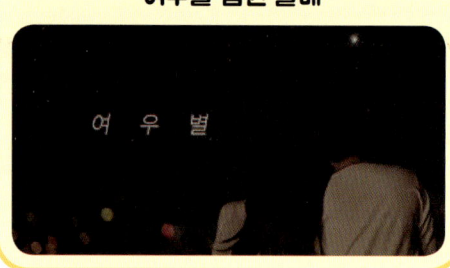

2021년 8월
'관심좀조라 옐언니한테!' 이모티콘 출시

2022년 4월
유튜브 구독자 100만 돌파!
'옐언니 옷입히기' 모바일 게임 출시

2023년 12월

'허망로맨스' 음원 발매

2023년 12월

영화 '도티와 영원의 탑' 출연

2023년 10월

유튜브 구독자 **400만** 돌파!

2022년 8월

유튜브 구독자 **200만** 돌파!

2023년 2월

유튜브 구독자 **300만** 돌파!

 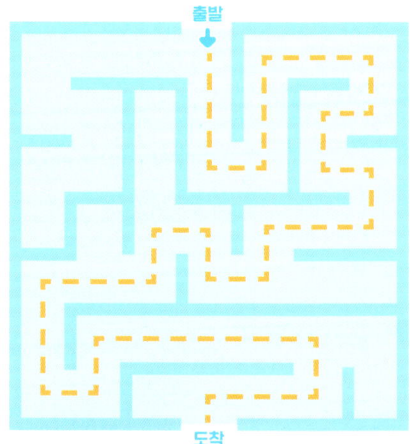

48~49p와 86~87p의 정답이야~

잊지 못할 **크리스마스**를 선물하세요!

값 13,000원

뚜식이와 **옐언니**, **급식걸즈**, **최케빈**과 **슈뻘맨**까지! **도티 산타**, **싸이클**과 함께 설렘을 선물하세요!

현실 세계의 영혼이 게임에 봉인됐다!

도티와 영원의 탑

게임을 시작하시겠습니까?

감수 샌드박스네트워크 | 184쪽 | 값 14,000원

©SANDBOX NETWORK 문의 전화 : 02) 791-0754

▶ MBTI 인기 크리에이터 에익쿠의

#공감100% #MBTI #유쾌발랄 #에피소드

값 13,000원

**16개의 MBTI로 즐기는
우리들의 행복한 일상 이야기!**

01 노는 건 즐거워 　 02 친구들과 즐거운 일상 　 03 사계절이 행복해

ⓒ에익쿠, ⓒSANDBOX NETWORK.　　　　　구입 문의 (02)791-0708　서울문화사

엘언니 옷입히기 패션 트렌드 종이 인형

값 10,000원